L'Amour Maraudeur.

L'AMOUR
MARAUDEUR,
OU
RECUEIL

De couplets méchans, galans, caustiques, érotiques, niais, spirituels, etc. etc.

DÉROBÉS DE CÔTÉ ET D'AUTRE,

Et publiés par un Homme de Lettres, qui n'a jamais rien écrit.

Contenant le VOYAGE AUTOUR DU PALAIS-ÉGALITÉ, en vaudeville.

Chez Mme. MASSON, libraire, papetière et commissionnaire. Aux Hommes célèbres, rue Galande, près la place Maubert, maison Grandjean, oculiste, n°. 27.

PRÉFACE.

Sт. st. st. Damis, un ouvrage nouveau. — On ne voit que cela. — Un maraudeur. — On ne voit que cela, vous dis-je. — Ce sont des couplets. — Vous répéterai-je encore, on ne voit que cela. — Mais ce sont de bons couplets. — Oui da. — De qui sont-ils ? — De cinquante auteurs. — Vous badinez. — Pas du tout. — J'ai bien entendu dire qu'ils se réunissent souvent une demi-douzaine pour faire en vingt-quatre heures une pièce qui dure une soirée ; mais cinquante ! — Le nombre vous épouvante. Ecoutez, Damis, je vais vous faire la confidence entière ; c'est. — Quoi ! — Un petit vol littéraire.... Ah ah ! je terminerai comme j'ai commencé, en disant : *On ne voit que cela.* Au surplus, vendez-bien. Bon soir.

L'AMOUR MARAUDEUR.

Dans la leçon conjugale du citoyen Dubois, un niais dit à son maître restaurateur dans ce genre, que ce n'est pas la qualité de ses mets, de ses glaces, qui attirent la foule, mais son esprit.... Voici, dit-il, un compliment que j'ai fait à une jeune et jolie dame. Jugez-en.

AIR : *Il faut quitter ce que j'adore.*

Madame, vous r'ssemblez à la rose
Qu'est tout'prête à s'épanouir :
Comme elle, fraîchement éclose,
Votre tendre sein doit ravir.
Vous êtes d'un' beauté tant extrême,
Qu'en vous voyant on dit tout bas :
Que vous seriez Vénus ell'-même
Si.... vous en aviez les appas.

Le même personnage étonné de la facilité avec laquelle on fait l'amour aujourd'hui, dit :

Air. *Du Procès.*

C'est un' façon singulière
Comme on fait maint'nant l'amour :
Il n'faut pas long-temps pour s'plaire,
On s'convient dès l'premier jour :
Il arrive souvent même
Que pour abréger les frais,
On se prouve que l'on s'aime,
Et l'on se le dit après.

THÉATRE DU VAUDEVILLE.

Dans la Pièce Interrompue, ou *le Compliment de clôture.*

Cassandre demande à Arlequin à quel théâtre il compte débuter : s'il choisira la Comédie-Française.

Arlequin répond.

Air : *Femmes, voulez-vous éprouver ?*

Oh, non ! à cet espoir flatteur
Mon ame ne s'est point livrée ;
Je sais que plus d'un bon Acteur
Y porte trop bien sa livrée.

Chez eux je n'oserois m'offrir,
Je craindrois de leur faire injure :
Un masque ne peut convenir
A ceux qui peignent la nature.

CASSANDRE.

Tu débuteras donc au Théâtre Italien ?

ARLEQUIN.

Non, j'aurois grand tort d'y penser,
Chacun riroit de mon audace ;
Et sans pouvoir le remplacer,
De Carlin je prendrois la place :
Je ne paraîtrais qu'en tremblant
Sur ce théâtre de sa gloire.
Hélas ! j'ai trop peu de talent,
Et le public trop de mémoire !

Le couplet suivant est dialogué. Un fat et une petite maîtresse se trouvent aux premières loges, un rentier au parquet, Arlequin est en scène.

Air : *Pour vous je vais me décider.*

LE FAT.

Le théâtre est mal éclairé.

ARLEQUIN.

Grace pour nos faibles lumières.

La petite Maitresse.
Dans les loges on est serré.

Arlequin.
Les amans ne s'en plaignent guères.

Le Fat.
On se voit par-tout déchiré.

Arlequin.
Avez-vous peur des épigrammes?

Le Rentier.
Le local est mal décoré.

Arlequin.
Vous n'avez donc pas vu ces dames?

THÉATRE DU VAUDEVILLE.

Dans Trois contre Un.

Comparaison des billets-doux aux lettres-de-change.

Air : *Cet arbre apporté de Provence.*

Dans le commerce de la vie,
Ces billets sont d'un grand secours :
Par billets tout se négocie,
En intérêts comme en amours :
Mais entre eux quelle différence ?
Ceux de Plutus sont protestés,
Et par fois avant l'échéance
Billets d'amour sont acquittés.

Colombine parle du bal masqué de l'opéra.

Air : *Du vaudeville du Procès.*

J'ai vu plus d'un masque insolent.

ARLEQUIN.

Sous le masque c'étoit Thersite.

COLOMBINE.

J'ai vu plus d'un domino blanc

ARLEQUIN.

Qui masquoient plus d'un hypocrite.

COLOMBINE.

On en vit un le même soir,
Sous le masque d'un gros chanoine.

ARLEQUIN.

C'est un rentier qui voulait voir
Si l'habit faisait le moine.

Par les cit. CHAZET et TOURNAY.

THÉATRE MOLIÈRE.

Dans un trait d'Helvétius.

Par les cit. HECTOR, CHAUSIER, CHATEAUVIEUX et BONEL.

Helvétius dit à son épouse :

AIR : *Trouverez-vous un parlement ?*
Vous savez que dernièrement
On m'a fait un sanglant outrage ;
Vous savez que le parlement
A fait défendre mon ouvrage !

MADAME HELVÉTIUS.
Le sort de ce brillant écrit,
Mon ami, doit-il vous surprendre ?
Vos juges proscrivant l'*esprit*,
Vous ont jugé sans vous entendre.

Un Intendant engage Mad. Helvétius à punir un braconnier qui a chassé jusques sous les fenêtre du château.

Mad. HELVÉTIUS répond :
AIR : *J'ai vu par-tout dans mes voyages.*
Sur chaque fleur, sur chaque plante,
On voit l'habile jardinier

Répandre l'onde bienfaisante
Qui sert à la fortifier ;
Mais si la plante un peu rebelle,
Vers la terre veut se courber,
Loin de prendre la faulx cruelle,
Sa main l'empêche de tomber.

TROUBADOURS.

Rembrant.

Un seigneur Français dit à madame Rembrant qu'il suffit souvent d'un nom bizarre ou d'être étranger pour réussir.

Air : *Souvent la nuit.*

Ainsi le frivole fleuriste
A transporté dans ses jardins
La plante dont le prix consiste
A venir des climats lointains ;
Et tandis que sa main dirige
L'arbuste d'un autre climat,
La rose, en accusant l'ingrat,
Se flétrit et meurt sur sa tige.

TABLEAU DE L'HYMEN.

AIR : *Trouverez-vous un Parlement ?*

L'hymen est beau le premier jour;
Le traître cherche à nous séduire :
On le prend presque pour l'amour
A son ardeur, à son délire.
Soumis, tendre et respectueux,
Ah ! combien il promet de choses !
Tout va s'embellir à ses yeux,
Et les épines sont des roses.

Le lendemain il est rêveur,
On a peine à le reconnoître ;
Trois jours encore il est boudeur,
Le quatrième c'est un maître.
Toujours endormi, paresseux,
Adieu les caresses badines.
Tout change bientôt à ses yeux,
Et les roses sont des épines.

Par les cit. SERVIERES, MORAS, MOREL et ETIENNE.

THÉATRE MOLIERE.

Nouveau débarqué.

On parle de Misanthropie et Repentir.

Air : *Du Jaloux malgré lui.*

Depuis qu'un drame inconcevable
A fait pâmer tant de bons cœurs,
Et que l'époux le moins aimable
A trouvé tant d'admirateurs ;
Depuis que la mysanthropie
Enseigna l'art de s'attendrir,
Toute femme jeune et jolie
Porte avec elle un repentir.

Par le cit. Gosse,

TROUBADOURS.

ARLEQUIN ODALISQUE.

Arlequin, introduit dans le sérail, engage Colombine à ne pas plaire à M. le Sultan. Colombine lui demande : *Comment veux-tu que je fasse ?*

ARLEQUIN RÉPOND :

AIR : *On peut encore malgré l'envie.*

Ta grace, à qui tout rend les armes,
Du Sultan séduiroit les yeux.
Dérobe tes modestes charmes
A ses regards trop curieux. (*bis*).
Comme la chaste sensitive
Qu'approche une indiscrète main,
Soustrait sa feuille fugitive
Et la renferme dans son sein.

Par le cit. AUGER.

TROUBADOURS.

LA LETTRE SANS ADRESSE.

Un élégant charge son valet d'aller porter une lettre. Celui-ci, étonné de ce qu'elle est sans adresse, lui demande :

AIR : *Du pas redoublé.*

A quelque laïs du bon ton
Faut-il porter la lettre ?
Il me suffira de son nom,
Faites-le moi connaître.
Jamais on n'a long-tems cherché
Femme de cette espèce.
Le vice est par-tout affiché,
Chacun a son adresse.

Si vous voulez, par cet écrit,
Séduire l'innocence ;
S'il faut, dans un obscur réduit,
La chercher en silence,
Comment pourrais-je, dans Paris,
Découvrir la sagesse ?
Chacun ignore son logis,
Donnez-moi son adresse.

Le même, parlant de la facilité avec laquelle on divorce aujourd'hui, chante le couplet suivant :

Air : *De la fanfare de Saint-Cloud.*

Le divorce est en pratique
Aujourd'hui pour bien des gens ;
Plus d'un grave politique
Divorce avec le bon sens.
Ce financier qui nous pille
Divorce avec le crédit,
Et plus d'un auteur qui brille
Fait divorce avec l'esprit.

VAUDEVILLE.

Arlequin de retour dans son ménage.

Les auteurs de cette pièce, qui sont aussi ceux d'*Arlequin afficheur*, eurent le désagrément d'entendre à la première représentation, ce bruit aigu si terrible pour un auteur..... Mais le lendemain ils se relevèrent de l'échec qu'ils avoient essuyé la veille. Parmi les couplets ajoutés, on peut citer le suivant :

AIR : *Daignez m'épargner le reste.*

Reçus avec sévérité,
Malgré nos soins et notre zèle,
Hier soir notre nouveauté
Tomba dans la salle nouvelle.
C'est un de ces petits malheurs
Très-fréquens à tous les théâtres ;
Mais nous disons dans nos douleurs,
Pour nos confrères les auteurs,
Nous avons essuyé les plâtres.

TROUBADOURS.

Arlequin Portier.

Arlequin qui va sortir engage Colombine à s'amuser, pendant son absence, à lire quelque chose de Florian, et lui parle ainsi des obligations qu'ont à cet auteur tous les Arlequins.

Vaudeville des deux Jumeaux.
On sait que ma famille entière
Dut ses succès à ses travaux.
Il fit, quoique célibataire,
Un bon ménage et deux jumeaux.
Si par une affreuse bourasque
Florian fut mis au cercueil,
Ah! crois qu'Arlequin sur son masque
En portera long-temps le deuil.

Arlequin sur le point d'épouser Colombine, est atteint d'un petit brin de jalousie, et s'exprime ainsi :

Vaudeville de l'Emprunt forcé.
Puisque tu vas être ma femme,
N'écoute plus aucun galant ;
Car, je le jure sur mon ame,
Je ne serais pas endurant.
Je mettrai mes soins à te plaire,
Mais garde-moi ton amitié ;
Car je veux t'avoir toute entière
En te prenant pour ma moitié.

VAUDEVILLE.

Le Dimanche et la Décade,
Ou *un seul violon pour tout le monde.*

Le couplet suivant sur la liberté des cultes, a fait le plus grand plaisir.

Air : *Du vaudeville des Visitandines.*

Que nul de vous jamais n'insulte
A l'homme guidé par son cœur ;
Laissons chacun suivre son culte,
Pour honorer son Créateur :
Pour rendre hommage à sa puissance,
Quel que soit le temps et le lieu,
L'encens monte toujours vers Dieu
S'il est offert par l'innocence.

Bourdon, spirituel sonneur de la paroisse, parle ainsi du changement opéré dans le calendrier :

Air : *De Tarare.*

Changeant nos anciennes coutumes,
Des Saints on a fait des légumes,
Des assassins et des rateaux,
Même jusqu'à des animaux,
Jugez donc ma surprise extrême,
Lorsque cherchant saint Nicodême
Qu'on m'avoit donné pour patron,
Je trouve que je suis dindon.

THÉATRE ITALIEN.

VADÉ CHEZ LUI.

L'Ecluse fait ainsi le portrait de Vadé.

AIR: *Tirez Monsieur d'Orléans.*

Ma foi, sans compliment,
Je le dis franchement,
En mettant aux rebus
 Tes vieux rebus,
Plus grivois que n'est un hussard,
Ton Appollon souvent poissard
A fait naître un joli poirier
Qui se convertit en laurier.
Pour t'applaudir les gens de ton rang
 Vont à la foire Saint-Laurent.
  A la halle Vadé
  Aura toujours le dé.
 Là tu saisis les dictons
  Et les tons.
Veux-tu, dans un petit souper,
  T'émanciper ?
  Bacchus en est,
  Et l'on te connaît
Pour bien tenir tête à *Monet.*

Favard nous plaît
Dans le couplet :
Panard le fait
Brillant d'effet.
On chante et *Piron* et *Gallet*,
Qu'avant eux rien n'égalait.
A ces auteurs comme à Collé,
Souvent tu te vois accolé :
A leur gloire à tous atteignant,
Tu l'emportes sur *Lataignant*,
Et dès long-temps Momus ta guété
Comme appui de la gaîté.

PORTRAIT

PORTRAIT

DE MADEMOISELLE CONTAT,

Actrice du Théâtre-Français.

Par le citoyen SÉGUR cadet.

AIR : *Quand l'auteur de la nature.*

    Par sa grace
    Elle efface
Tout ce qui cherche à suivre sa trace,
    Son adresse,
    Sa finesse,
    Son esprit
    Eblouit
    Et ravit.

D'un effet l'ame est émue !
Mais bientôt un autre, à votre vue,
    Le remplace,
    Et surpasse.
    Le plaisir
Ne fait plus que choisir !

    Tout dénonce,
    Tout annonce
Le trait fin que sa bouche prononce,

B

Sa prunelle
Etincelle ;
A l'esprit
Son regard a tout dit.

Changeant sans effort pour plaire,
Du grave au doux, du doux au sévère ;
Attirante,
Imposante ;
Oui son art
Sait tout peindre au regard

Paraît-elle,
Elle est belle ;
Aussi savante que naturelle,
S'offre en elle
Le modèle
Qu'on peut citer
Et non imiter.

TROUBADOURS.

MIDI,

Ou *Coup d'œil sur l'an 8.*

Un vieux poëte dit à un provincial que de tous temps ses confrères ont eu recours à la munificence du gouvernement.

AIR : *Du jaloux malgré lui.*

Pour trouver des mains libérales
Et des cœurs remplis de pitié,
Jusqu'aux vertus théologales
Tout par eux étoit employé.
Chacun disait au roi de France :
Je sais quelle est votre bonté.
Sire, j'ai la foi, l'espérance,
Donnez-moi donc la charité.

Les auteurs de Midi peignent ainsi un Lycée.

AIR : *Du pas redoublé.*

Après un long procès-verbal
On raisonne finance ;

On lit ensuite un madrigal,
Un essai sur la danse ;
De s'amuser on fait effort,
Puis l'on baille en cadence ;
Et quand tout le monde s'endort,
On lève la séance.

On parle des changemens du calendrier.

Air : *De la fanfare de Saint-Cloud.*

De la sainte Confrérie
Nous n'avons gardé chez nous
Qu'aux femmes sainte Marie,
Et saint Joseph aux époux.

De bien bon cœur, je vous jure,
Nous avons chassé saint Loup,
Et mis saint Banaventure
Tout à côté de Saint Cloud.

THÉATRE DES VARIÉTÉS.

Cri-cri,

Ou *le Mitron de la rue de l'Oursine.*

Cri-cri trouve que c'est un singulier nom que celui de la rue du Puits qui parle; et dit à sa bourgeoise :

Air : *Jupiter un jour en fureur.*

Aussitôt que j'entendis nommer
Le puits qui parl' j'vous assure
Que d'une aussi drôle aventure
Par-tout j'pris soin de m'informer.
Je n'y connais rien sur mon ame,
Mais je l'ai deviné depuis,
C'est qu'un mari dans ce puits
 Aura jetté sa femme.

Dubuis, maître brasseur, dit à Mme. Lataille, boulangère : épousez-moi, et vous ne vous en repentirez pas.

Air : *Vaudeville de l'opéra comique.*

Vous connaîtrez ce que je vaux,
Jeune et gentille boulangère ;
Je partagerai vos travaux
Quand vous serez ma ménagère :

B 3

Le travail ne sera qu'un jeu,
Pourvu que mon aide vous plaise;
Chargez-vous d'allumer le feu,
J'étoufferai la braise.

On parle de la promenade du Jardin des Plantes, Cri-cri soutient que c'est la plus belle du quartier.

AIR: *Jeunes amans*, etc.

Tenez, moi sans faire ici le fin,
Je pense absolument de même ;
A m'prom'ner dans ce beau jardin
J'ai toujours un plaisir extrême :
On y voit tant d'arbres divers,
Tant d'fleurs de diverses structures,
Qu'au Jardin des Plantes l'univers
Me semble peint en miniature.

VAUDEVILLE.

AIR: *Du ballet des Pierrots*.

MADAME LATAILLE, *au Public*.

Sur le beau temps, sur les tempêtes,
Ailleurs on consulte les vents ;
Mais en ces lieux c'est vous qui faites
Pour nous la pluie ou le beau temps.
Que votre indulgence détourne
Les orages s'il en survient,
Pour que la pièce tourne tourne,
Pour que la pièce tourne à bien.

TROUBADOURS.

L'Apollon du Belvédère.

Un poëte auquel on dit qu'il ne doit pas se connoître en peinture, répond :

Air: *Trouverez-vous un parlement ?*

>Entre ces deux arts précieux
>Il existe un rapport notoire ;
>Prenant un vol audacieux,
>Le tragique est peintre d'histoire,
>Le comique fait les portraits,
>Le drame la caricature ;
>Le vaudeville vient après,
>Et c'est le peintre en miniature.

On parle des chevaux Andalous offerts au premier Consul. Despointes dit à ce sujet :

Air: *Arlequin afficheur.*

>On a vu deux peuples amis
>Toujours se prêter assistance,
>Et ce présent des deux pays
>Resserre encore l'alliance.

Chacun brûle de contempler
Ces coursiers monumens de gloire,
Que l'amitié vient d'ateler
Au char de la victoire.

Le même demande à Apollon s'il ne serait plus d'accord avec Mars pour former des grands hommes.

Air : *De la fuite en Egypte.*

Achille fut créé par Mars,
Et bientôt tu créas Homère.
Près des Henris, près des Césars,
Tu plaças Virgile et Voltaire.
Pourquoi suspendre tes travaux ?
Une grande époque s'apprête ;
Mars nous a donné le héros,
Quand formeras-tu le poëte ?

Par Etienne, Moras et G. Nauteuil.

TROUBADOURS.

Le prisonnier pour dettes.

Un peintre vante la facilité avec laquelle il a fait le portrait de son amante.

Air : *De la fuite en Egypte.*

Pour faire ce portrait charmant,
Il ne fallait pas être Appéle ;
Il ne fallait pas de talent,
J'avais le plus sage modèle.
Comment, avec des traits si beaux,
Offrir une image imparfaite ?
L'amour enchantait mes pinceaux,
Le plaisir tenait ma palette.

L'oncle d'Amélie a placé dans son cabinet le portrait de la jeune personne, et vient le lui annoncer.

Air : *Je t'aime tant.*

Anacréon, gentil Bernard,
Ovide et le joyeux Horace ;
Chaulieu, Boufflers, Parni, Favart,
Près de ton portrait prendront place.
Ces chantres de la volupté
Serviront ma tendre folie,

Puisqu'ils chantèrent la beauté,
Leurs vers sont pour mon Amélie.

Quand Tibulle me charmera,
Tes yeux me peindront sa Lesbie,
Et quand Rousseau me brûlera,
Ta bouche m'offrira Julie.
Quand Florian me séduira,
Estelle sera moins jolie;
Quand Bernardin m'attendrira,
Ah! tu seras ma Virginie.

Par Dubois.

THÉATRE DE LA CITÉ!

La Romance.

On a vivement redemandé le couplet suivant, qui fait allusion aux dangers des jouissances faciles.

Air : *Comme j'aime mon Hypolite!*

Dans un bosquet un papillon,
Lassé des rigueurs d'une rose,
Voit un pavot encore bouton,
Et sur sa tige se repose :
Il jouit ; mais cruel destin !
La mort termine son ivresse :
Le pavot offre son venin,
La rose défend sa richesse.

Par Rochemont.

TROUBADOURS.

Courses du Quatorze-Juillet.

Par SERVIERES et DUBOIS.

Arlequin, pour obtenir Colombine, doit courir à pied, à cheval et en char. Il lui annonce ainsi son dessein :

AIR : *Trouverez-vous un parlement ?*

Nouvel Hippomène en ce jour,
A la course à pied, chère amante,
Je serai guidé par l'amour,
Et tu seras mon atalante.
Sur mon cheval j'offrirai Mars,
Courant à Vénus qui l'adore,
Et serai, dépassant les chars,
Phébus qui court après l'aurore.

L'EAU ANTI-SCORBUTIQUE,

Par BELIN *et* BOREL.

D'Auberval dit à un dégraisseur :

Air : *Du vaudeville d'Abufar.*

Dans l'état que vous professez
Vous avez beaucoup de besogne.
Taches de vin !

LE DÉGRAISSEUR.

J'en vois assez.
Mais il est permis d'être ivrogne.

DAUBERVAL.

Taches d'encre !

LE DÉGRAISSEUR.

Pour celles-ci
Elles sont encor trop communes.

DAUBERVAL.

Taches de sang !

LE DÉGRAISSEUR.

Ah ! dieu merci !
Je n'en rencontre plus aucunes.

Un jeune poëte, fâché de voir les auteurs et les acteurs désunis, chante le couplet suivant :

Air : *De la fuite en Egypte.*

Toujours amis, jamais rivaux,
Auteurs, Acteurs, veuillez m'en croire
Puisque communs sont vos travaux,
Que commune soit votre gloire.
Si l'envie osait se montrer,
Qu'à l'instant elle soit chassée ;
Vous désunir c'est séparer
La parole de la pensée.

THÉATRE DE MOLIÈRE.

Les deux Diligences à Joigny.

Par BONEL.

On a beaucoup applaudi le couplet d'annonce de cette pièce. Le voici :

Vaudeville d'Arlequin afficheur.

Gardez-vous bien de comparer
Cette pièce au charmant ouvrage
Dont la beauté sut attirer
En d'autres lieux votre suffrage.
Ah! pour le succès notre auteur
N'aurait pas à courir de chances,
   Si Picard étoit conducteur
   De ces deux diligences.

Mais par malheur il ne l'était pas, dit un de nos journaux.

IL NE FAUT PAS CONDAMNER SANS ENTENDRE.

Proverbe du cit. PATRAT.

Un Avocat bavard, pour prouver qu'on ne doit pas l'être, dit que la nature prescrit à l'homme la sobriété de langage, et ajoute :

AIR : *De Calpigi.*

On sait que la nature sage
A chaque humain donne en partage
Deux bras destinés pour agir,
Avec deux jambes pour courir,
Deux yeux pour voir, deux mains pour
    prendre,
Et deux oreilles pour entendre ;
Mais pour les sottises qu'on dit,
  Une seule langue suffit.

Le même dit à son client, qui doute de sa capacité :

AIR : *Trouverez-vous un parlement ?*

Pour étayer les Droits douteux,
Je sais tronquer les meilleurs titres.
Pour rompre des accords fâcheux,
Je sais diviser les arbitres.

Vous ne trouverez nulle part,
Pour la chicane et l'artifice,
Quelqu'un qui donne avec plus d'art
Le croc en jambe à la justice.

THÉATRE DU VAUDEVILLE.

LA REVUE DE L'AN 8.

Il est question d'un bouffon de société.

AIR : *Des petits Montagnards.*

Nos pères, pour charmer l'ennui,
Buvaient, pensaient, causaient ensemble.
On ne pense plus aujourd'hui,
C'est pour manger qu'on se rassemble :
Vient un bouffon, chacun sourit,
Avec raison ; par-tout on l'aime :
Pour cinquante il a de l'esprit,
Quoiqu'il n'en ait pas pour lui-même.

Tantôt d'un capucin en froc
Il prend l'accent et la tournure ;
Tantôt d'un chien, d'un chat, d'un coq,
Il rend les cris d'après nature ;
Il imite un cerf aux abois.
Enfin, pour comble de merveille,
D'un âne il emprunte la voix ;
Bien des gens lui prêtent l'oreille.

A propos du Sallon.

Air : *On compterait les diamans.*

Dans ce sallon où du Poussin
Brillèrent les œuvres divines,
J'ai vu ma tante et mon cousin,
J'ai vu mes voisins, mes voisines.
Pour qui voit ces portraits blafards,
Dont chaque muraille est garnie,
Ce n'est plus le sallon des arts,
C'est le sallon de compagnie.

Le couplet suivant est adressé à une jolie femme, qu'on veut faire recevoir *membre* d'un Lycée.

Air : *Du jaloux malgré lui.*

Envain la censure indiscrète,
Sur ce point prétend vous fronder :
La beauté fait une conquête,
Mais l'esprit seul peut la garder.
Lorsqu'à la femme qu'il inspire
L'amour qui veut nous aveugler
Prête ses plumes pour écrire,
Il n'en a plus pour s'envoler.

Un écrivain public qui a l'honneur d'être Membre d'un Lycée, chante le couplet suivant pour donner une idée de ses talens.

Air : *De la marche du Roi de Prusse.*

Ma réputation
Est une caution
Qu'avec attention,
Réflexion,
Précision,
Correction,
Je fais une pétition ;
J'ai pour la composition,
Comme pour la rédaction,
Ainsi que pour la ponctuation,
Grand fond d'érudition.
A la conception
Je joins sans fiction
La circonspection,
L'action.
Pour attestation
J'ai l'admiration
De plus d'une corporation,
De mainte administration ;
Je suis fort sur l'addition
Et la multiplication.

Ce genre d'opération
Du jour est la passion,
Comme aussi la division,
Grace à la révolution;
En la perfection
J'ai borné mon ambition,
Je ne fais plus d'éducation
Que dans la soustraction.

Un Procureur dit à Mme. Duval, que malgré que le divorce soit odieux à tous les cœurs vertueux, quelquefois il est indispensable.

Vaudeville des Visitandines.

Lorsqu'une femme intéressante,
D'un séducteur comble les vœux,
Et de sa chaîne avilissante
Traîne le poids trop douloureux,
Le divorce est bien légitime,
Et l'honneur n'est plus combattu.
Le parjure est une vertu
Lorsque le serment fut un crime.

SUR L'INCONSTANCE.

Air : *J'ai vu souvent dans mes voyages.*

Adorer toujours sa maîtresse,
Lui jurer un amour constant,
A ses genoux être sans cesse,
Quelle folie ! ah quel tourment !
Ne bornons jamais la puissance
De l'amour et de ses attraits ;
Sans le secours de l'inconstance,
Que ferait-il de tous ses traits ?

Par le cit. DUTERTRE.

MADRIGAL

A Madame C., avec laquelle je me pesais aux Champs-Elysées, et pour laquelle j'avais parié.

En pariant pour vous, Constance,
J'étais bien sûr de mes paris,
Puisqu'avec vous les amours et les ris
S'étaient nichés dans la balance.

Tu. D.

TROUBADOURS.

La foire de Senlis.

Par Auger et Mabire.

Lisette veut savoir le secret de Lafleur. Celui-ci ne veut pas le lui dire, et ajoute : *Une femme ressemble à un vase d'argile rempli d'eau.*

Air : *Une fille est un oiseau.*

Mais je vois avec regret
Que son argile infidèle
A l'onde qu'elle recèle,
Ouvre un passage indiscret.
Tout soin devient inutile ;
La liqueur prompte et subtile
A travers filtre et distile :
Elle disparaît soudain.
La femme est l'ame fragile,
Et le secret l'onde agile
Qui s'échappe de son sein.

Toutalout, entrepreneur des spectacles, chante le couplet suivant sur le testament de Préville.

AIR : *Du vaudeville de l'opéra comique.*

Préville, à son dernier moment,
De Senlis demande un notaire,
Et désigne, en son testament,
Dazincourt pour son légataire.
Le théâtre où du testateur
Il répète le jeu comique,
Devient à l'œil du spectateur
Un vrai miroir magique.

Tous les cœurs sensibles applaudiront au dernier couplet de la chanson du cit. Chazet, sur *Piccini*, célèbre compositeur.

AIR : *Du chapitre second.*

Ecoutez mes tristes accens,
O vous qui gouvernez la France ;
Piccini meurt, et ses enfans
Restent en proie à l'indigence.
Du destin réparez les torts,
Et calmez leurs douleurs secrettes ;
Vous héritez de ses trésors,
C'est à vous de payer ses dettes.

Comme peu de gens voyent à présent Paris *le matin*, nous allons leur offrir le tableau tracé par un des pères du Vaudeville moderne.

AIR : *De la pipe de tabac.*

Quel tableau Paris me présente,
Quand chassant Morphée et la nuit,
De Céphale la jeune amante
Ramène le jour et le bruit !
Le noir Vulcain de sa couchette
S'élance et court à ses fourneaux.
A sa place Mars qui le guette,
Va chercher de plus doux travaux.

Des dons de Vertume et Pomone
Je vois nos marchés s'enrichir
Des trésors que zéphir lui donne :
Flore aussi vient les embellir.
De bouquets gentille marchande
Me dit : « Etrenne-moi, choisis.
Je donne ce qu'elle demande,
Et je prends la rose et le lys.

Où vont ainsi décolorées
Ces femmes dont l'œil est en feu ?
Le matin finit leurs soirées
Qu'échauffent le punch et le jeu.

Plus loin une fille ingénue
Pleure, fuit, se cache aux passans ;
C'est que la fleur qu'elle a perdue
Ne revient pas tous les printems.

J'entre au café, le nouvelliste
Me tue en me parlant de paix.
A la bourse un capitaliste
Prend mes bons d'état au rabais :
Chez Lise à deux heures je monte,
On arrange un petit couvert :
Sur un charmant dîner je compte,
C'est le déjeûner que l'on sert.

D'amour vous qui suivez les traces,
Ne pressez point notre réveil ;
La nuit a fatigué les graces,
Le jour, respectez leur sommeil ;
Mais chez les filles de mémoire,
Malheur à qui dort le matin :
Il faut, pour aller à la gloire,
Au point du jour être en chemin.

Par le cit. PHILIPON LA MADELEINE.

CHARLOTTE
AU TOMBEAU DE WERTHER.
ROMANCE.

Air: *Que ne suis-je la fougère ?*

C'est donc ici qu'il repose !
Il m'aima pour son malheur :
C'est sur sa tombe que j'ose
Me livrer à ma douleur !
Cher Werther, cœur noble et tendre,
Pour qui le mien était fait,
Si tu peux encor m'entendre,
Vois mes pleurs et mon regret.

J'ai trop retenu ma plainte,
Trop caché mon désespoir ;
J'abjure enfin la contrainte
D'un triste et cruel devoir.
Honneur, tyran inflexible,
Ne puis-je, sans t'offenser,
Toucher cette urne insensible,
Et me plaire à l'embrasser ?

O toi, dont la destinée
Fut de souffrir et d'aimer !
Par d'autres nœuds enchaînée
Aurais-je dû t'enflammer ?

Au penchant que tu fis naître
Mon cœur s'était confié ;
Et faute de le connaître,
L'avait pris pour l'amitié.

Je viens nourrir ma tristesse
Aux lieux où tu te plaisais ;
Je porte avec moi sans cesse
Le livre que tu lisais.
Il redoublait tes alarmes,
Il augmente mes douleurs ;
Tu le mouillas de tes larmes,
Je l'arrose de mes pleurs.

Je t'appelle ! Je t'adore ! . . . .
Vains regrets ! Cris superflus !
Seule, hélas ! que fais-je encore
Sur la terre où tu n'es plus ?
Viens terminer ma misère,
O mort, viens me secourir !
Mais non, non, Charlotte est mère,
Elle doit vivre et souffrir.

Par le cit. ANDRIEUX.

LA CONSTANCE.

ROMANCE.

Air : *De la fuite en Egypte.*

A l'ombre d'un saule pleureur,
L'autre jour la gentille Isaure,
Aux échos disait sa douleur,
Puis pleurait et pleurait encore.
Las ! mon berger vient de mourir !....
Comment pourrai-je lui survivre ?
Ah ! je le sens, tôt vais le suivre.
Sans mon Lycas, plus de plaisir.

Parlait ainsi, quand près de là
Passa Courtois et gentil sire,
Qui souriant, la salua,
Et voulut calmer son délire.
Hé quoi ! belle, voulez mourir ?
Pas n'y songez. N'êtes pas sage :
A peine êtes dans le bel âge
Où tant suave est le plaisir.

Faut faire choix d'un autre amant ;
Acceptez-moi, ne suis volage.
Veux vous donner ce diamant
En signe d'amoureux servage....
— Nenni, beau sire, veut mourir....
Voyez la tendre tourterelle,

Perd son ami, tôt meurt fidelle ;
Veux l'imiter : plus de plaisir.

— Tant jolis yeux, ah ! croyez-moi,
Ne sont faits pour verser des larmes.
Les essuya, jura sa foi,
Puis vanta chacun de ses charmes.
Isaure veut encore mourir,
Mais est sensible à son langage.
Elle s'enfuit dans le bocage,
Voulant éviter le plaisir.

Il la suivit en lui parlant
Toujours de sa vive tendresse.
Plus ne les vis.... Mais cependant
Echo qui bavarde sans cesse,
Redit d'abord un long soupir :
Et puis....Laissez... Êtes trop tendre....
Quel plaisir ai !.... de vous entendre....
D'un bon ! Je crois qu'en vais mourir !

Le lendemain revint au champ
Plus fraîche que la fleur vermeille.
A son doigt a le diamant,
Au cœur doux pensers de la veille.
Bergère a beau vouloir mourir,
Amour s'en rit. Croyez mon dire :
Si plaît à jeune et riche sire,
Pas ne mourra que de plaisir.

Par BADEIGTS-LABORDE.

LES AMIS DU JOUR.

Air : *J'ai vu souvent dans mes voyages.*

Pour les soins et la complaisance
Vivent les amis d'aujourd'hui ;
Leur prévoyante bienfaisance
Dans tous les temps est un appui.
Le moindre mal que l'on éprouve
Afflige leurs cœurs généreux,
Et sans les chercher on les trouve
Lorsque l'on n'a pas besoin d'eux.

Si la fortune, par caprice,
S'avise de nous maltraiter,
Leur bourse est à votre service,
Et sur eux vous pouvez compter :
Pour exécuter leurs promesses,
Ce sont des amis sans pareils ;
Et quand il vous faut des espèces,
Ils vous apportent des conseils.

On répète avec médisance
Qu'un tendre ami n'est pas commun ;
Mais ceux qui sont dans l'opulence
En rencontrent mille pour un :
Quoique chez eux la foule abonde,
Néanmoins soyons convaincus
Que de tous ces amis du monde,
Les plus sûrs ce sont les écus.

Par ANTIGNAC.

CHANSON VILLAGEOISE,

Imitée de Ifland.

Air: *Si Pauline est dans l'indigence.*

Oui, la véritable sagesse
Est de vivre toujours gaiment :
Pourquoi desirer la richesse,
Lorsqu'on a du contentement ?
Sans le plaisir, sans la tendresse,
Le riche même est indigent :
Souvent l'or produit la tristesse,
La gaîté vaut mieux que l'argent.

Mondor nage dans l'opulence ;
Il a des châteaux, des trésors,
De la fierté, de l'insolence ;
Mais ce sont de brillans dehors.
Le chagrin sans cesse le mine :
De joie il a besoin urgent ;
On pourrait lire sur sa mine :
La gaîté vaut mieux que l'argent.

Pour nous, habitans des campagnes,
Qui versons rarement des pleurs,
Dans nos sallons sur nos montagnes,
Il n'est que des fruits ou des fleurs :
Mais le rossignol nous enchante,
Et chacun de nous diligent,

Dès le matin avec lui chante :
La gaîté vaut mieux que l'argent.

Sitôt que l'aurore renaissante
Fait briller sa douce clarté,
Alors ma voix reconnaissante
Monte vers la divinité.
Je sens doubler mon allégresse,
Et me livre au travail gaîment.
Pourquoi desirer la richesse ?
La gaîté vaut mieux que l'argent.

Par Mènégaut de Gentilly.

A J. B.

Qui voulait être mon écolière.

Vous voulez, dites-vous, être mon écolière,
J'y consens ; mais d'abord de nos faits convenons.
Je veux bien pour rimer vous donner des leçons ;
Mais aussi chargez-vous de m'en donner pour plaire.

Th. D.

COMPARAISON

DU MARIAGE A UN BAL.

Par les cit. AMAND-GOUFFÉ, DIEU-LAFOI
et CHAZET.

AIRS: *De l'anglaise, de la Walse et de la chimène.*

Il faut se marier
A peu près comme on danse,
Lorsque le bal commence
On prend un cavalier :
  Tous deux d'accord,
  On fait d'abord
  Quelques pas, mais
    Bientôt après
    Un dos-à-dos
    Vient à propos,
    Quel bon effet
    Il fait !
    Soudain
    La main
Que l'on quitte en chemin,
    Se rend,
    Se prend
    En courant.

De choix,
De loix
Nous changeons mille fois.
Pour vous,
Epoux,
Que cet exemple est doux !
Le jaloux fait un chassé,
La dame un balancé
Puis on forme la chaîne ;
Mais pour danser, pour aimer,
Nous devons la former
Et la briser sans peine.
Le mariage et le bal,
Tous deux iraient fort mal,
Si toujours en présence
Les danseurs, les époux,
De leur chaîne jaloux,
Formoient la même danse.
Mais déja la ronde nous appelle :
On circule de belle en belle ;
Par principe il faut être infidelle,
Et du desir
Au plaisir
Courir.
La beauté que nous avons perdue
Loin de nous reçoit d'autres vœux.
Par hasard nous est-elle rendue,
Elle est plus aimable à nos yeux.

Je conclus de cette double image,
Qu'à Paris, grace au nouvel usage,
Aux yeux du sage,
Le mariage
Ne retrace pas mal
Un bal.

TABLEAU

Des difficultés qu'il faut vaincre pour faire un bon vaudeville.

Par les cit. G. Duval et Gaetan.

Airs précédens.

Des vers coulans, polis,
Des graces dans le style,
Une intrigue facile,
Des tableaux frais, jolis.
   Des traits saillans,
   Des mots piquans,
Un peu de raillerie ;
   Le goût dictant
   En permettant
Chaque plaisanterie.

   D'un sot rimeur
On y peint la fadeur,
   Mais sans aigreur ;
Jamais de fiel d'humeur.

Il faut savoir, pour plaire au spectateur,
Epargner l'homme en combattant l'auteur,
  Le portrait qu'on a tracé
  Doit être caressé
  Par le modèle même.
 Il faut qu'il soit ressemblant
  Assez pour un parent,
  Pas assez pour soi-même,
 Et souvent chez nous conduit
  Tel homme qu'éblouit.
  Son amour-propre extrême
  Est par l'esprit séduit,
  Et croit rire d'autrui
En se moquant de lui-même.

Mais on peut encore au Vaudeville,
Un moment s'échappant de la ville,
Peindre des champs le séjour tranquille,
  Des bergères les vrais
   Attraits.
Du vieux Bailli le sot hommage,
Du Magister les préjugés ;
Mais il faut garder au village
  Le doux langage
   Des Bergers :
Enfin tour-à-tour il faut un style
Tendre, malin, brûlant ou tranquille,
Tout cela, certes, n'est pas facile,
  En consultant par-tout
   Le goût.

ROMANCE.

Air: *Que ne suis-je la fougère ?*

Dès que le jour vient de naître,
Mon Eglé, je pense à toi ;
Avant de le voir paraître
Ton cœur s'occupe de moi.
Les oiseaux dorment encore,
Que tu chantes notre amour;
Je dois préférer l'aurore
A tous les instans du jour.

Midi sonne, et sous l'ombrage
On rassemble les troupeaux ;
Lors, des bergers du village
On entend les chalumeaux ;
Mais nous cherchons au bocage
Et le silence et l'amour.
Lequel aimer davantage
De ces deux instans du jour ?

Le soir vient, et dans la plaine
Chacun s'avance à pas lents ;
Le même instinct nous amène
Pour saisir ces doux instans.
On se voit à peine encore ;
Qui nous guide! c'est l'amour.
Dis, aimes-tu mieux l'aurore
Que la fin d'un si beau jour ?

Par le cit. SÉGUR.

ROMANCE.

Air : *Jeunes amans, ceuillez des fleurs.*

Amour, laisse-moi soupirer,
Ma tristesse a pour moi des charmes,
Mon cœur aime à s'en pénétrer.
Amour, laisse couler mes larmes,
Ici tout flatte ma langueur :
Du zéphir l'haleine est plus pure,
Cette grotte a plus de fraîcheur,
L'onde plus doucement murmure.

La divinité de mon cœur
M'appelle encor vers ce bocage ;
Je la revois dans chaque fleur,
Je suis ses pas sous chaque ombrage :
L'air même rapporte son nom
Dans les sons divers qu'il répète.
C'est Nina qui, dans ce vallon,
Egare ma course inquiète.

Par d'agréables souvenirs
Je trompe ma peine cruelle,
Et je goûte encore les plaisirs
Réservés à l'amant fidèle.
Nina, qu'un sort plein de rigueur
Sur mes beaux jours forme un orage,
Il ne peut m'ôter la douceur
De me remplir de ton image.

EPIGRAMME.

Un intrigant nouvellement en place disait à quelqu'un de sa connaissance :

« Je consens à perdre mon poste,
» Si j'ai, pour l'obtenir, seulement fait un pas.
» Je le crois, répond l'autre, habile à la riposte,
» Quand on rampe on ne marche pas.

Dans *Taisez-vous*, parodie de Thésée, Arlequin dit à Cassandre que Mme. Madrée son épouse mène par la lisière, qu'il y a entre lui et l'auteur de Thésée une espèce d'analogie.

Air : *Du vaudeville de l'opéra comique.*

Il est jeune et vous êtes vieux ;
Mais malgré cette différence,
Il est facile entre vous deux
De trouver une ressemblance.
Des Muses, ce cher nourriçon,
Se soutiendra dans la carrière.
Melpomène, au sacré vallon,
Le tient par la lisière.

Arlequin chante ce couplet du vaudeville final.

Air : *Du prétendu de Gisors.*

Que d'extravagans politiques
A qui l'on dit : Taisez-vous.
Que d'orateurs et de critiques
A qui l'on dirait : taisez-vous.
A maint poëte de Lycée
On pourrait dire : taisez-vous.
Mais au jeune auteur de Thésée,
On ne dira pas : taisez-vous.

ODE SUR LA PAIX.

Du Sagittaire ardent aux lieux voisins de
l'Ourse,
Le soleil a neuf fois recommencé sa course,
Et neuf fois le printems a vu, dans nos climats,
L'exécrable démon qui préside à la guerre,
Déployer sur la terre
L'appareil du carnage et des affreux combats.

De l'Adige au Texel, quelle obscure contrée
Le sang de nos héros n'a-t-il point illustrée ?
Quel fleuve, dans son cours, n'a roulé nos
débris ?
Quels champs, de nos fureurs, n'attestent le
ravage ?
Quel rocher, quel rivage,
De nos soldats mourans n'a répété les cris ?

O plaintive Helvétie ! où sont tes toits
rustiques,
Tes paisibles hameaux et tes forêts antiques ?
Où sont tes prés fleuris et tes nombreux
troupeaux ?
Ces décombres fumans, ces profondes
vallées,
De cadavres comblées,
N'offrent plus à mes yeux que d'horribles
tombeaux.

Que veulent sur nos bords ces cohortes
          barbares,
Ces perfides Anglais, ces farouches Tartares?
De leurs vaisseaux à peine ils ont osé sortir :
Nos guerriers ont paru..... ces timides
          esclaves,
     Dans les marais bataves,
Eperdus et tremblans ont couru s'engloutir.

L'hiver a fui : déja la flamme et le carnage,
Du Rhin épouvanté nous livrent le passage.
Nous marchons : la terreur précède nos
          drapeaux.
Le Danube alarmé voit frémir sur ses rives
     Les aigles fugitives,
Et leur fait un rempart de ses profondes
          eaux.

O prodige ! de fer les Alpes se hérissent ;
Sous le poids de l'airain leurs flancs au loin
          gémissent ;
Leurs cimes, jusqu'aux cieux, portent nos
          combattans :
Sur ses rudes glaçons, ses rocs inaccessibles,
     A pas lents et pénibles,
L'Adulle voit gravir nos coursiers haletans.

Pour la dixième fois, malheureuse Ausonie,
Rochers de l'Apennin, fatale Germanie,

Baignez-vous dans le sang de mille ba-
 taillons,
Rassasiez de morts vos plaines affamées,
  Dévorez nos armées,
D'ossemens entassés engraissez vos sillons.
Dieu terrible et puissant ! aux jours de ta
 vengeance
Fais succéder enfin les jours de ta clémence.
Pour punir nos forfaits, assez long-tems sur
 nous
Ta justice étendit une main redoutable,
  Et d'un peuple coupable
Les malheurs n'ont que trop signalé ton
 courroux.

De ses honteux succès la licence enivrée
Insulte à la vertu qui se cache éplorée.
L'impiété répand ses dogmes criminels ;
Tous les vices unis composent son cortège,
  Et sa main sacrilège
Jusqu'en leurs fondemens ébranle tes autels.

Au crime triomphant, à sa fureur altière,
Les lois n'opposent plus qu'une faible bar-
 rière ;
Les cris de l'indigent fatiguent les échos ;
Un sommeil léthargique oppresse la nature,
  Et nos champs sans culture
S'étonnent de languir dans un triste repos.

Vois un peuple épuisé s'abreuver de ses larmes,
Dévorer ses sanglots, sécher dans les alarmes ;
Vois ses chefs belliqueux, ses terribles guerriers
Pleurer au souvenir d'une illustre victoire,
Désavouer leur gloire,
Et détourner les yeux de leurs sanglans lauriers.

M'exauces-tu, grand Dieu ? Quels cris ! quelle allégresse !
D'où naissent ces transports et cette sainte ivresse ?
Quels parfums, quel encens fument de toutes parts !
Où court, où se répand cette foule empressée,
A grands flots amassée ?
Quel spectacle a fixé ses avides regards ?

Modeste en son maintien, une vierge timide
S'avance sur les pas d'un héros intrépide.
De Maringo, témoin de ses glorieux faits,
Bonaparte a quitté la plaine trop fameuse ;
Sa main victorieuse
Vers nos bords enchantés guide l'aimable Paix.

Salut, fille du ciel, vierge pure et sensible ;
Salut, mortel chéri, dont le bras invincible
De la France avilie a réparé l'honneur :
Qu'à jamais sous vos lois l'humanité respire,
  Et que, sous votre empire,
Les peuples consolés renaissent au bonheur !

Français, que tous les cœurs s'ouvrent à
  l'espérance !
Un héros vous promit la paix et l'abondance ;
Sa promesse jamais ne resta sans effet,
Et lorsque l'Eternel dans ses mains fortu-
  nées
  Remit vos destinées,
L'Éternel au malheur égala le bienfait.

C'est ce même guerrier qui, sur les bords
  du Tibre,
Fixait par ses exploits les droits d'un peuple
  libre :
La victoire, fidèle à ses fiers étendards,
Dans le camp des Germains rejetait les
  alarmes,
  Et le bruit de ses armes
Dans Vienne fit pâlir l'héritier des Césars.

Sur ses sables brûlans, en le voyant paraître,
Au tems des demi-dieux l'Egypte crut re-
  naître :

A ses nobles desseins, à sa haute valeur,
Rappelant d'un héros la mémoire chérie,
L'antique Alexandrie
Crut revoir de ses murs l'illustre fondateur.

Tels que les habitans des monts hyperborées,
Quand leurs vœux impuissans, dans leurs sombres contrées,
Implorent le retour d'un astre bienfaiteur,
Français, vous gémissiez dans l'horreur des ténèbres ;
Et vos plaintes funèbres
Redemandaient au Ciel votre libérateur.

Il paraît : à l'aspect de ses nombreux trophées,
La discorde et la haine expirent étouffées ;
L'équité, de l'erreur soulevant le bandeau,
Rappelle dans nos murs l'innocence bannie,
Et le feu du génie
Rallume des beaux-arts le céleste flambeau.

Par le cit. MARINE.

L'ERREUR.

Air du Jokei,

Non, votre cœur n'est plus le même.

Lise, les yeux baignés de larmes,
S'affligeait pour un inconstant.
Licas, objet de ses alarmes,
Ne pouvait être son amant ;
Son cœur pour une autre bergère
Avait formé de tendres vœux ;
Mais Lise ignorait ce mystère.
Tant qu'on espère on est heureux.

Le fait est que la pauvre Lise,
Avec Licas causant un jour,
Par une funeste méprise
Prit la gaîté pour de l'amour.
Depuis ce temps abandonnée,
En maudissant son triste sort,
La bergère, désespérée,
Trouvait doux d'espérer encore.

A ces jeux charmans du village,
Qu'à la ville on nomme innocens,
Tous les bergers du voisinage
Venaient passer d'heureux momens.

Par Lise, pour faute légère,
A Licas il est ordonné
Qu'à celle que son cœur préfère
Un tendre baiser soit donné.

Licas ignorait l'art de feindre,
Il courut embrasser Babet.
« Sachons, dit Lise, me contraindre.
» Voilà donc ce fatal secret.
» Illusion douce et trompeuse,
» Avec toi s'enfuit mon bonheur.
» Ah! faut-il cesser d'être heureuse,
» En cessant d'être dans l'erreur!

Par le cit. MARTY.

ENIGME. (N°. 1).

Je suis libre, et sans moi l'on ne fait point de vers.
Je suis moindre qu'un rien, je conduis l'univers.
De toute éternité j'existe sans paraître.
A ce langage obscur tu peux être surpris
Mais bientôt, cher lecteur, tu pourras connoître,
Si je t'aide moi-même à chercher qui suis.

ENIGME (N°. 2.)

Nous sommes trois frères
Portant même nom.
Dans nos saints mystères
L'un a du renom.
Sur mer et sur terre
Moi je fais grand bruit :
Chez l'apothicaire
Cadet est réduit.

Par Mlle. V.

ENIGME

EN LOGOGRIPHE. (No. 3.)

Sept pieds en tout sans ressemblance
Pour mon nom il faut ajuster ;
Dans une ville d'importance
L'on garde mes quatre premiers.

Je suis souvent un mauvais guide
Pour te conduire au vrai bouheur ;
La vertu modeste et timide
Rejette souvent mes faveurs.

Si tu veux me couper la tête,
Supprimer mes quatre derniers,
Je ne suis pas chez le poëte,
J'habite chez les financiers.

Au mortel qui souvent m'appelle,
Je refuse le moindre bien,
Et je m'en vais à tire d'aîle,
Chez ceux qui n'ont besoin de rien.

Par Mlle. V....

ENIGME
en Locogriphe. (N°. 4).

Lecteur, avant de me connaître,
Je voudrais te faire rêver.
Tu me devineras peut-être,
Mais garde-toi de me porter.

Souvent par vengeance divine,
Plus d'un mortel j'ai fait gémir.
Plus d'une fois dans la cuisine
J'ai servi pour te réjouir.

De moi l'on fait un autre usage
Quand on assiége un château fort.
Le soldat, rempli de courage,
Contre moi fait plus d'un effort.
Dans les prisons, dès qu'on m'approche,
A maint criminel je fais peur;
Mais si l'on me fait pour ta poche,
Alors je crains bien le voleur.

Dans les six pieds faits pour me lire,
Tu n'en as qu'un à supprimer
Pour trouver le nom d'un empire
Que je ne veux pas te nommer.

Ici pour que rien ne t'arrête,
De mes pieds coupe le premier.
Ne vas pas chercher ce qui reste
Chez celui qui ne sait qu'aimer.

Par la même.

ÉNIGME

EN LOGOGRIPHE. (No. 5.)

Je suis un composé de gens,
De sexe, d'états différens.
Lecteur, on trouve en moi deux notes de musique,
Puis un grain que chérit tout oiseau domestique.
Sans mes deux premiers, un nombre décimal,
Un instrument des arts, un farouche animal;
Du plus exquis des vins une part méprisée,
Ce qui du labyrinthe a su tirer Thésée.
De sept pieds se forme mon tout,
Et l'on me rencontre par-tout.

Les mots des Enigmes, etc. sont à la fin du Recueil.

Dans l'Ascension de l'Olympe, parodie de l'Ascension fastueuse et de la descente *non fastueuse* d'un aëronaute dans la rue de Tournon, arlequin cherche des Dieux par-tout. Voici comment il s'y est pris pour parvenir à les rassembler.

AIR : *Mon père était pot.*

J'ai pris Neptune aux bains Vigier,
  Bacchus à la taverne,
Apollon chez la Montansier,
  Pallas à la caserne,
  Mercure au Péron,
  Et chez Robertson,
    Pluton
  Et les furies.
  Au quartier d'Antin
  Plutus et Vulcain,
Et Mars aux Tuileries.

Par les cit. ETIENNE, MOREL, SERVIÈRE
et FRANCIS.

Voici un jeu de mot de Piron, qui prouve que de tous temps les calembourgs ont été à la mode. On sait que Lachaussée était un poëte qui voulait mettre à la mode les comédies larmoyantes.

Air : *De Joconde.*

   Connaissez-vous sur l'Hélicon
     l'une et l'autre Thalie,
L'une est *chaussée* et l'autre non ;
     Mais c'est la plus jolie.
    L'une a le rire de Vénus,
     L'autre est froide et pincée.
Honneur à la belle aux pieds nuds,
     Et fi de la chaussée.

Quand on fait d'aussi jolis calembourgs, on peut se les permettre.

A Mlle. ROSE P.

Qui me demandait si la petite vérole l'avait beaucoup enlaidie.

Si quittant le divin séjour,
Vénus habitait sur la terre,
L'amour se trompant chaque jour,
Toujours vous prendrait pour sa mère.

VOYAGE

AUTOUR DU PALAIS-ROYAL.

DAMON.

Tu veux absolument commencer tes promenades à Paris, par le Palais-Royal.

FLORVILLE.

Oui, mon ami.

DAMON.

Tant-pis.

AIR: *Courons de la brune à la blonde.*

C'est un tort, je te l'assure,
Que de commencer ainsi :
De l'avoir fait, je te jure,
Plus d'un s'en est repenti.
Dans ce palais la verdure,
Le luxe, s'offrent à nos yeux.
Ah, dans toute la nature,
Voit-on rien de plus curieux.
    Restaurateur
    Et tailleur
    Ou docteur,
    Argenteur

Et doreur;
Confiseur,
Imprimeur
Ou foureur,
Bijoutier,
Tabletier,
Caffetier,
C'est ici,
Mon ami,
Paris en miniature.

FLORVILLE.

Je te fais grace, mon ami, de tous ces petits marchands qui sont à l'entrée; mais dis-moi où mène ce magnifique escalier ?

DAMON.

Au Tribunat.

FLORVILLE.

Tant mieux.

AIR : *Du Jokei.*

Des Français les Tribuns chéris
Ont bien choisi leur domicile :
Ils veillent du cœur de Paris,
Sur le commerce de la ville.
Mais ils devraient, mon cher Damon,
Chasser d'ici l'agiotage.

DAMON.

Ah, mon ami! le seul péron
Leur donnerait par trop d'ouvrage.

FLORVILLE.

Mon cher Damon, faisons d'abord un tour de jardin.

DAMON.

J'y consens ; tiens, entre par cette porte du milieu. Nous y voici, comment le trouves-tu ?

FLORVILLE.

De jeunes arbres ! des tapis de verdure ! Mais, dis-moi :

AIR : *Cet arbre apporté de Provence.*

Pour quoi, dans ce charmant asyle,
N'a-t-on pas mis un seul berceau ?
Mais la chose est bien plus utile,
Ami, je n'apperçois point d'eau !

DAMON.

La raison n'est pas, je te jure,
Ami, très-facile à trouver ;
Car ici l'on a, je t'assure,
Beaucoup de choses à laver.

FLORVILLE.

Qu'est-ce que cette rotonde que j'apperçois dans le fond ?

DAMON.

Rien, un café.

FLORVILLE.

Eh bien, continuons notre route par les galeries, sortons par où nous sommes entrés.

DAMON.

Je le veux bien, mais prenons à droite.

FLORVILLE.

Ah, ha, elles sont jolies ces marchandes de modes....

DAUMON.

Tu trouves.

FLORVILLE.

Oui, ma parole d'honneur. Je trouve sur-tout cette petite brune au nez retroussé, au-dessus de tous mes éloges.

DAMON.

Oui, mais *latet anguis in herbâ*.

FLORVILLE.

N'en parlons plus. Je vois que la seconde galerie de bois est en tout semblable à la première. Mais, dis-moi, qu'est-ce que cette masse d'hommes, d'enfans, de crieurs de journaux,

de femmes, qui donnent des papiers,
d'autres qui ne disent rien, etc.

DAMON.

Je vais te l'expliquer, c'est la forêt noire.

Air : *Notre Meûnier chargé d'argent.*

 Cette forêt est un cahos
 Inventé par ces dames :
 Jamais ce lieu n'est en repos,
 Car il y pleut des femmes.
 Pour tes poches, ton agrément,
 Pour ta santé, pour ton argent,
Ami, si tu fais bien, et si tu veux m'en croire,
 Ne vas pas (*bis*) dans la forêt noire.

FLORVILLE.

Je te remercie du conseil. Cette galerie offre-t-elle quelque chose de particulier ?

DAMON.

Je vais t'instruire de tout ce qui peut y mériter ton attention.

Air : *Mes bons amis.*

 On voit d'abord
 Des bijoux et de l'or,
Ornant de charmantes boutiques ;
 Plus d'un manoir

E 6

Où les laïs le soir
Entraînent les sots, leurs pratiques.
On y voit Tortoni
Qui, d'après Velloni,
Dans un local rempli de glaces,
Aux élégans,
Aux fainéans,
Aux traducteurs,
Même aux auteurs,
En tout temps débite des glaces.

FLORVILLE.

Est-ce là tout ? Ah, dis-moi, que vendent ces gens perchés sur une table et qui crient à tue-tête ?

DAMON.

AIR : *Que j'aime mon cher Arlequin.*
Mon ami, ce sont des marchands.

FLORVILLE.

Ah ! que c'est drôle.

DAMON.

Qui, pour attirer des chalans,

FLORVILLE.

Ah ! que c'est drôle.

DAMON.

Chez eux vendent aux plus offrans
Les meubles les plus élégans.

FLORVILLE.

Ah, mon Dieu que c'est drôle !

DAMON.
Ils volent vendeurs et chalans.
FLORVILLE.
Voilà qui n'est pas drôle.
Oh dis-moi donc, Damon ! *Prix des places*, c'est un théâtre ?
DAMON.
Oui, mon ami, il y en a deux dans ce Palais ; le Théâtre-Français est à l'autre extrémité, non loin de la forêt noire dont je t'ai parlé.
FLORVILLE.
Et que joue-t-on sur celui-ci ?
DAMON.
AIR : *De la pipe de tabac.*
Les entrepreneurs réussissent,
Les recettes passent les frais.
Florville, leurs caisses s'emplissent
Bien mieux que celles des Français.
FLORVILLE.
Mais comment peuvent-ils rivaliser le premier des théâtres ?
DAMON.
Le voici :
On joue à l'un le Mysanthrope ;
Mais à l'autre on donne Finot.
Quand les Français donnent Mérope,
Ceux-ci donnent Madame Angot.

FLORVILLE.

Tu ne m'avais pas parlé du Théâtre-français; sais-tu bien que cet oubli est impardonnable.

DAMON.

C'est que je compte t'y mener ce soir. Ce théâtre est vraiment une école pour la langue et pour les mœurs.

FLORVILLE.

Comment cela ?

DAMON.

AIR: *Trouvez-vous un parlement ?*
Mon cher Florville, assurément,
Oui, ce théâtre est une école;
Il offre à l'époux imprudent,
De Molière une bonne école.
Maint père, en ce lieu, peut aussi
Rencontrer une bonne école;
Et pour les mœurs de ce temps-ci
Ils ont une nouvelle école (1).

FLORVILLE.

En ce cas-là, nous ne manquerons pas le spectacle de ce soir. Dis-moi,

———

(1) Allusion à la jolie comédie de *Colin d'Harleville.*

quelles sont les actrices qui enlèvent tous les suffrages ?

DAMON.

Mon ami, chacun a son goût; mes préférées, à moi, ce sont mesdames Contat et Vanhove.

AIR: *De la fuite en Egypte.*

Aux Français tu pourras, ce soir,
De Contat juger le mérite ;
Chacun la voit, veut la revoir.
Quel empressement elle excite !
(Et dans *l'Abbé de l'Epée*).
De Vanhove, le geste heureux,
Trace une idée en traits de flâme ;
Son geste ne parle qu'aux yeux,
Mais ses beaux yeux parlent à l'ame.

FLORVILLE.

Tu redoubles le desir que j'avais de les admirer.

DAMON.

Je puis te répondre que tu seras content, émerveillé....

FLORVILLE.

Je te crois; mais continuons notre voyage et nos observations.

DAMON.

Je le veux bien.

FLORVILLE.

Ah ! mon ami, n'est-ce pas ton fameux péron que j'apperçois ici ?

DAMON.

C'est bien lui, tu ne te trompes pas.

FLORVILLE.

Oh quelle mine allongée ! La drôle de tournure ?

DAMON.

AIR : *C'est un enfant.*

Cet homme à la mine allongée
Qui te semble étranger ici,
A vu sa fortune rongée
Par les vampires que voici :
   Son air misérable
   Prouve que sa table
N'est pas celle d'un financier.
(En un mot), c'est un rentier. (*Bis*).

FLORVILLE.

Que vient-il faire ici ?

DAMON.

Vendre ses bons à perte, pour aller dîner.

FLORVILLE.

Je le plains.
Mais en parlant de dîner, dis-moi ce que c'est que cette cave d'où je vois sortir une fumée si épaisse ?

DAMON.

C'est un endroit nommé le *Caveau*.

FLORVILLE.

Qu'y fait-on ?

DAMON.

On y fait des concerts, on y boit, mais sur-tout on y dîne.

FLORVILLE.

Bien ?

DAMON.

Pas mal pour le prix.

FLORVILLE.

Mais enfin, comment est-on servi dans ce caveau ?

DAMON.

Un moment, mon ami, je vais te donner la carte.

Air : *Vaudeville du Procès.*

On donne un potage, un bouilli,
Puis à votre choix une entrée ;
De plus vous avez un rôti,
Un entremets s'il vous agrée,
Un dessert. Le concours est grand ;
Plus d'un faiseur de pantomimes
Ici dîne, en payant comptant
Un franc cinquante centimes.

FLORVILLE.

Puisque ce traiteur donne à manger à si bon compte, il doit avoir chez lui une foule de rentiers qui n'ont pas tout-à-fait perdu leur fortune ; des jeunes gens à la mode, qui économisent sur leur dépense pour augmenter leur toilette ; maint joueur de profession qui a tout perdu, et qui emprunte 30 sous au marqueur pour aller dîner, etc. etc.

DAMON.
Je le pense comme toi.

FLORVILLE.
Je vous remercie, Madame.

DAMON.

Qu'est-ce ?

FLORVILLE.

Une jeune personne qui me donne l'adresse d'un docteur.

DAMON.

Cela se voit tous les jours.

FLORVILLE.

Eh bien, je t'avoue que cela m'étonne.

AIR : *La Comédie est un miroir.*

Dans ces lieux où le tendre amour
Semble à la poursuite des Grâces,
Un Médecin vient à son tour
Me rappeler mille disgraces.

DAMON.

Ah ! tu te plains mal-à-propos,
C'est le ciel qui vient à notre aide ;
Il voulut toujours, près des maux,
Que l'homme trouvât le remède.

FLORVILLE.

Du reste cela m'est égal, j'espère n'avoir jamais besoin de lui. Oh ! re-

garde, mon ami, quelle mise ridi-
cule !

DAMON.

C'est la mise du jour.

FLORVILLE.

Elle ne me plaît pas du tout.

AIR : *Quand tout échappe à l'amitié.*

En habits courts vos enrichis,
En pantalons font leurs toilettes,
J'avais d'abord été surpris
De leur voir à tous des lunettes ;
Mais j'ai dit, en y pensant mieux,
En appréciant leurs cohues,
Bien des gens, avec de bons yeux,
Ont très-souvent de basses vues.

DAMON.

Tous ceux qui suivent la mode ne sont pas dans le cas de ceux dont tu me parles là ; l'honnête homme se laisse habiller par son tailleur, et......

FLORVILLE.

Et quelquefois coëffer par sa femme.

DAMON.

Ah ah, tu fais trêve à la philosophie....

FLORVILLE.

Oui, mon ami.... Mais dis-moi, qu'est-ce que ce n°. 113, où il n'y a pour toute enseigne qu'un réverbère.

DAMON.

AIR : *Au coin du feu.*

Au numéro cent treize,
Souvent chaud comme braise,
 Au numéro
Vient un jeune homme aimable,
Qui bientôt donne au diable
 Le numéro.

FLORVILLE.

Sois plus intelligible, si tu veux que je te comprenne.

DAMON.

   Je m'explique.
Ah, c'est que le numéro 113 est une fameuse maison....

FLORVILLE.

Mais parle donc.

DAMON.

Mon ami, c'est que la confidence me coûte ; cependant je vais satisfaire ta curiosité.

AIR : *On peut encore, malgré l'envie.*

> A l'entresol certaine dame
> Prête à tous sur nantissement.
> Au premier un joueur dans l'ame
> Très-souvent perd tout son argent.
> Vénus a son temple au troisième,
> Ou plutôt c'est la volupté....
> Ah ! j'en suis revenu moi-même
> De la déesse enfant gâté.

FLORVILLE.

Allons, allons, il ne faut se chagriner de rien ; ton accident me rendra réservé : il est si doux d'être utile à un ami !

DAMON.

Tu plaisantes.... Mais prends garde à toi.

FLORVILLE.

Au surplus, mon ami, dis-moi promptement tout ce que cette galerie contient d'intéressant, et allons dîner.

DAMON.

Cette galerie contient, comme les autres, des honnêtes gens et des fripons, des femmes vertueuses et des C...., des marchands et des acheteurs, mais beaucoup plus des uns que des autres; des hommes d'esprit et des sots, etc. etc.; et de plus, deux ou trois excellens traiteurs.

FLORVILLE.

Chez lequel dînerons-nous ?

DAMON.

Chez Naudet ; nous serons bien servis.

FLORVILLE.

Au même prix qu'au caveau ?

DAMON.

Pas tout-à-fait, mais comme je me réserve le plaisir de te régaler....

FLORVILLE.

Dépêchons-nous, pour ne pas manquer la pièce aux Français.

Par PHILIBERT.

―――――――――――

Le mot de l'Enigme n°. 1, est *Pensée*.
Celui du n°. 2, est *Canon*.
Celui du n°. 3, est *Fortune*, où l'on trouve fort, or.
Celui du n°. 4, est *Chaîne*, où l'on trouve Chine et haine.
Le mot du n°. 5, est *Famille*, où l'on trouve fa, mi, mil, mille, lime, laie, lie, fil.

F I N.

www.ingramcontent.com/pod-product-compliance
Lightning Source LLC
LaVergne TN
LVHW050635090426
835512LV00007B/869